ANTHROPOLOGIE

—

ATLAS

DE

VINGT PLANCHES D'ANATOMIE

PARIS

AUX BUREAUX DE L'ABEILLE MÉDICALE

5, RUE SAINT-BENOIT, 5

ADRIEN DELAHAYE, PLACE DE L'ÉCOLE-DE-MÉDECINE

—

1870

Imprimerie L. Toinon et Ce, à Saint-Germain.

PLANCHE 1.

Système osseux.

SQUELETTE VU PAR DEVANT.

Les os sont dépouillés de leur périoste, et les articulations manquent de leurs ligaments.

A. Bras. — B. Avant-bras.—C. Carpe. —D. Métacarpe. —E. Phalanges. —F. Bassin.— G. Cuisse.—H. Jambe.— I. Tarse.— K. Métatarse. — L. Phalanges du pied.

1. Frontal ou Coronal.— 2. Temporal. — 3. Malaire. — 4. Maxillaire supérieur. — 5. Maxillaire inférieur. — 6. Sternum. — 7. Clavicule.— 8. Septième côte (dernière vraie côte). — 9. Omoplate ou Scapulum. — 10. Humérus. — 11. Cubitus. — 12. Radius. — 13. Os coxal ou iliaque : $f\,i$, fosse iliaque interne ; $s\,i$, articulation sacro-iliaque ; $h\,p$, branches horizontales du pubis; $d\,p$, branche descendante du pubis ; $t\,o$, trou obturateur, appelé encore sous-pubien ou ovalaire ; $s\,v$, articulation sacro-vertébrale. — 14. Sacrum. — 15. Fémur ; t, tête du fémur ; c, col du fémur ; $g\,t$, grand trochanter ; $p\,t$, petit trochanter. — 16. Rotule. — 17, Tibia. — 18. Péroné; $m\,i$, malléole interne ; $m\,e$, malléole externe.

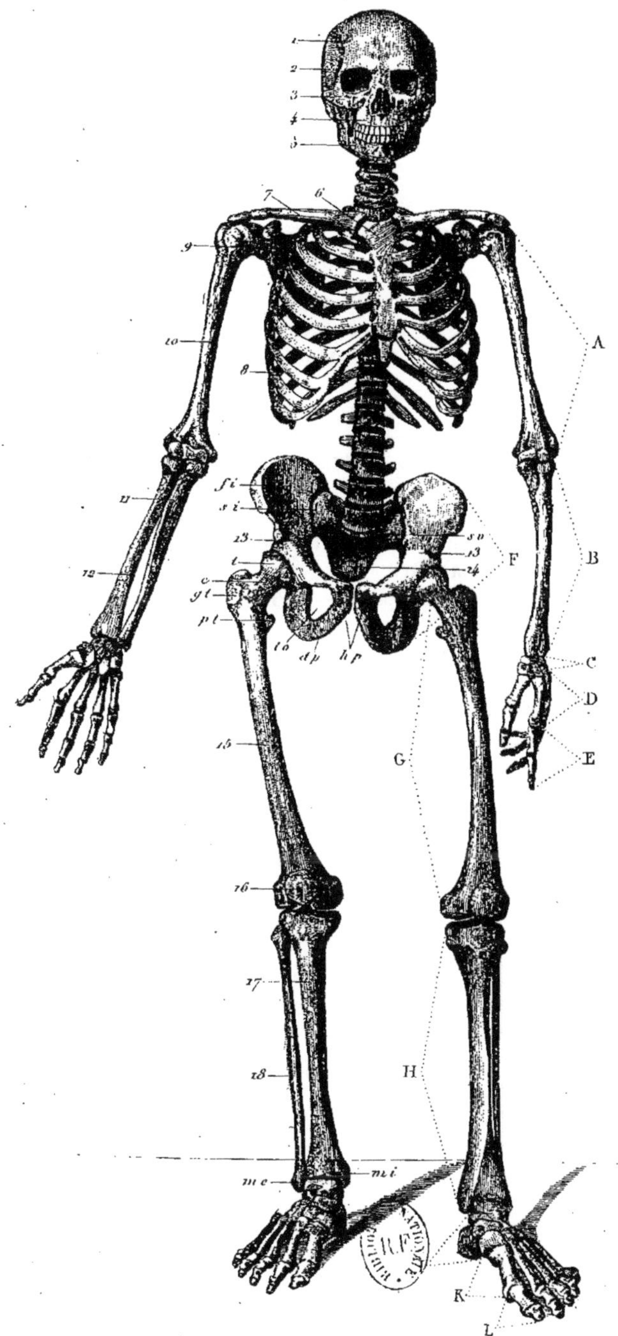

Léveillé del.

Imp. Monrocq Paris

C. Carry et Gabriel sc.

PLANCHE II.

Système osseux.

SQUELETTE VU PAR DERRIÈRE.

Il n'y a ni périoste ni ligaments aux os.

A. Colonne cervicale. — B. Colonne dorsale, composée de douze vertèbres auxquelles s'articulent les douze côtes formant le thorax. — C. Colonne lombaire.

1. Pariétal.— 2. Occipital. — 3. Temporal. — 4. Arcade zygomatique. — 5. Maxillaire inférieur. — 6. Clavicule. — 7. Omoplate: *e*, épine ou crête de l'omoplate ; *a*, acromion ; *f s*, fosse sus-épineuse. *s e*, fosse sous-épineuse. — 8. Humérus. — 9. Cubitus: *a o*, apophyse olécrâne. — 10. Radius. — 11. Sacrum. — 12. Os iliaque ; *f i e*, fosse iliaque externe ; *e s*, échancrure sciatique; *i*, Ischion.— 13. Fémur. — 14. Tibia. — 15. Péroné. — 16. Calcanéum.

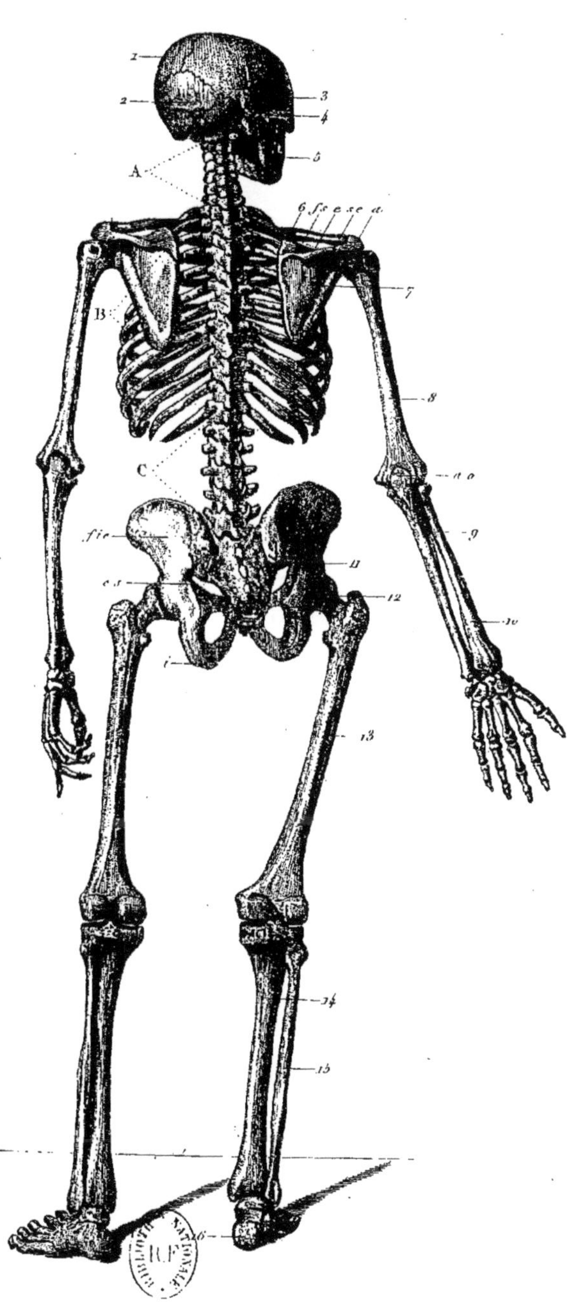

eillé del.

C. Carey et Gabriel sc.

PLANCHE III.

Système osseux.

Fig. 1. — VERTÈBRES CERVICALES.

1. Atlas. — 2. Axis. — 3, 3. Apophyses épineuses. — 4, 4. Apophyses transverses.

Fig. 2. — VERTÈBRES DORSALES.

1. Corps vertébral. — 2. Lame qui concourt à former le trou vertébral (la position de la vertèbre ne permet pas de voir ce trou) en s'unissant à celle du côté opposé de la même vertèbre. — 3. Apophyse articulaire supérieure.—4. Apophyse articulaire inférieure. — 5. Apophyse transverse. — 6. Apophyse épineuse. — 7. Trou de conjugaison.

Fig. 3. — VERTÈBRES LOMBAIRES.

1. Corps vertébral. — 2. Apophyse articulaire supérieure. — 3. Apophyse transverse. — 4. Apophyse épineuse.— 5. Trou de conjugaison.

Fig. 4. — CRANE VU PAR SA FACE INFÉRIEURE ET EXTERNE.

1. Maxillaire inférieur. — 2. Dents. — 3. Voûte palatine. — 4, 4. Ouvertures postérieures des fosses nasales, séparées l'une de l'autre par le vomer, qui fait partie de leur cloison. — 5. Trou grand rond ou maxillaire supérieur. —6. Trou déchiré antérieur. — 7. Ouverture externe du conduit carotidien. — 8. Grand trou occipital.— 9. Arcade zygomatique. — 10. Fosse zygomatique. — 11. Apophyse styloïdé. —12. Condyle de l'occipital, surface qui s'articule avec l'atlas.

Fig. 5. — FACE INFÉRIEURE ET INTERNE OU BASE DU CRANE.

1. Plan antérieur sur lequel appuie le lobe antérieur du cerveau. — 2. Plan moyen ou fosse moyenne, supportant le lobe moyen. — 3. Plan postérieur, contenant le cervelet.—4. Selle turcique ou plan formé par le corps du sphénoïde. — 4 *bis.* Gouttière basilaire. — 5. Apophyse crista-galli.—6. Gouttières ethmoïdales donnant passage aux filets du nerf olfactif. —7. Suture du frontal et des petites ailes du sphénoïde.— 8. Trou optique, dans lequel s'engage le nerf de même nom. — 9. Fente sphénoïdale, par laquelle passent les nerfs et vaisseaux qui se rendent dans l'orbite. — 10. Trou grand rond ou maxillaire supérieur. —11. Trou ovale ou maxillaire inférieur. — 12. Trou petit rond ou sus-épineux. — 13. Trou déchiré antérieur. — 14. Trou auditif interne. — 15. Trou déchiré postérieur. — 16. Trou condylien antérieur.— 17. Grand trou occipital.

Fig. 5.

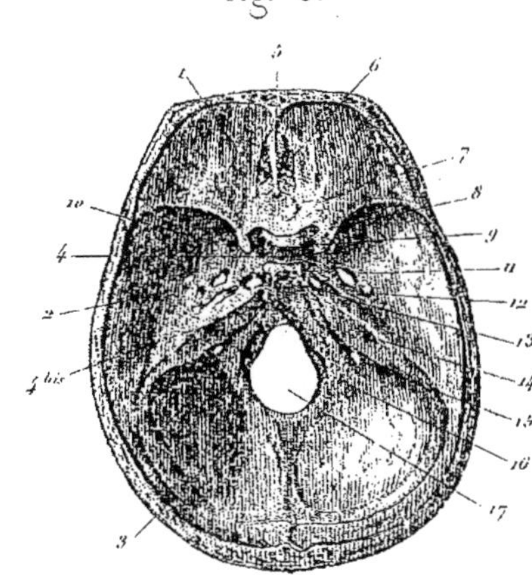

Fig. 1ʳᵉ.

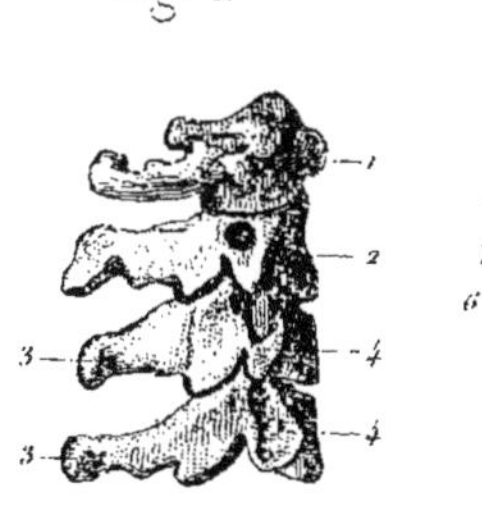

Fig. 2.

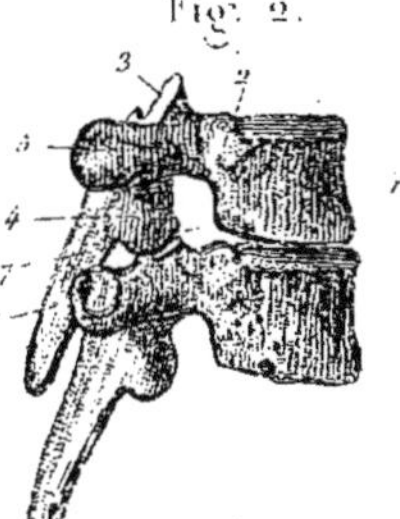

Fig. 3.

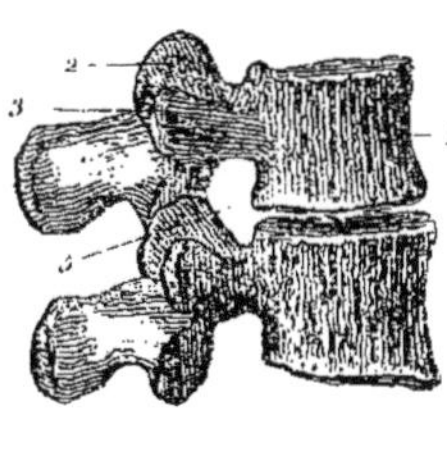

Fig. 4.

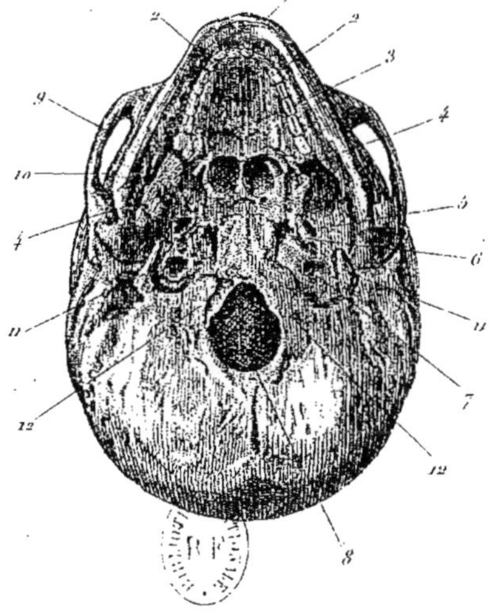

PLANCHE IV.

Système musculaire.

ÉCORCHÉ VU PAR DEVANT.

Muscles superficiels du côté droit ; muscles profonds du côté gauche.

1. Muscle frontal.—2. Orbiculaire des paupières.—3. Orbiculaire des lèvres. — 4. Carré du menton. — 5. Aponévrose épicranienne. —6. Muscle auriculaire.—7. Zygomatique.—8. Élévateur propre de la lèvre supérieure. — 9. Masséter. — 10. Peaussier. — 11. Sterno-cléido-mastoïdien. — 12. Sterno-thyroïdien. — 13. Trapèze. — 14. Grand pectoral. — 15. Sous-clavier. — 16. Petit pectoral. — 17. Grand dentelé. — 18. Grand oblique. — 19. Grand droit de l'abdomen. —20. Petit oblique.— 21. Arcade crurale.—22. Anneau inguinal. — 23. Deltoïde. — 24. Biceps brachial.— 25. Triceps. — 26. Long supinateur.—27. Premier radial. — 28.—Rond pronateur. — 29. Deuxième radial. — 30. Grand palmaire. — 31. Fléchisseur superficiel commun.— 32. Petit palmaire. — 33. Cubital antérieur. — 34. Muscles de l'éminence thénar.—35. Aponévrose palmaire.— 36. Ligament annulaire du carpe.— 37. Portion supérieure du biceps qui est coupé. — 38. Coraco-brachial. — 39. Brachial antérieur. — 40. Long supinateur, déjà indiqué n° 26.— 41, 42. Fléchisseur profond des doigts. —43. Long fléchisseur du pouce.—44. Tendon du cubital antérieur, coupé. — 45. Éminence thénar. — 46. Éminence hypothénar. — 47. Tenseur de l'aponévrose crurale. — 48. Couturier. — 49. Droit interne. — 50. Droit antérieur. — 51. — Portion interne du triceps crural. — 52. Portion externe du triceps. — 53. Péronier latéral. — 54. Jambier antérieur. — 55. Extenseur commun des orteils. — 56. Péronier antérieur. — 57. Extenseur propre du gros orteil. — 58. Tendon du péronier latéral. — 59. Ligament annulaire du tarse. — 60. Psoas et iliaque. — 61. Pectiné. — 62. Premier adducteur. — 63. Troisième adducteur. — 64. Triceps crural, portion interne.—65. Tendon du droit antérieur, coupé. — 66. Tendon du couturier, coupé. — 67. Jumeaux. — 68. Soléaire. — 69. Tendon du jambier antérieur, coupé. — 70. Tendon de l'extenseur propre du gros orteil.

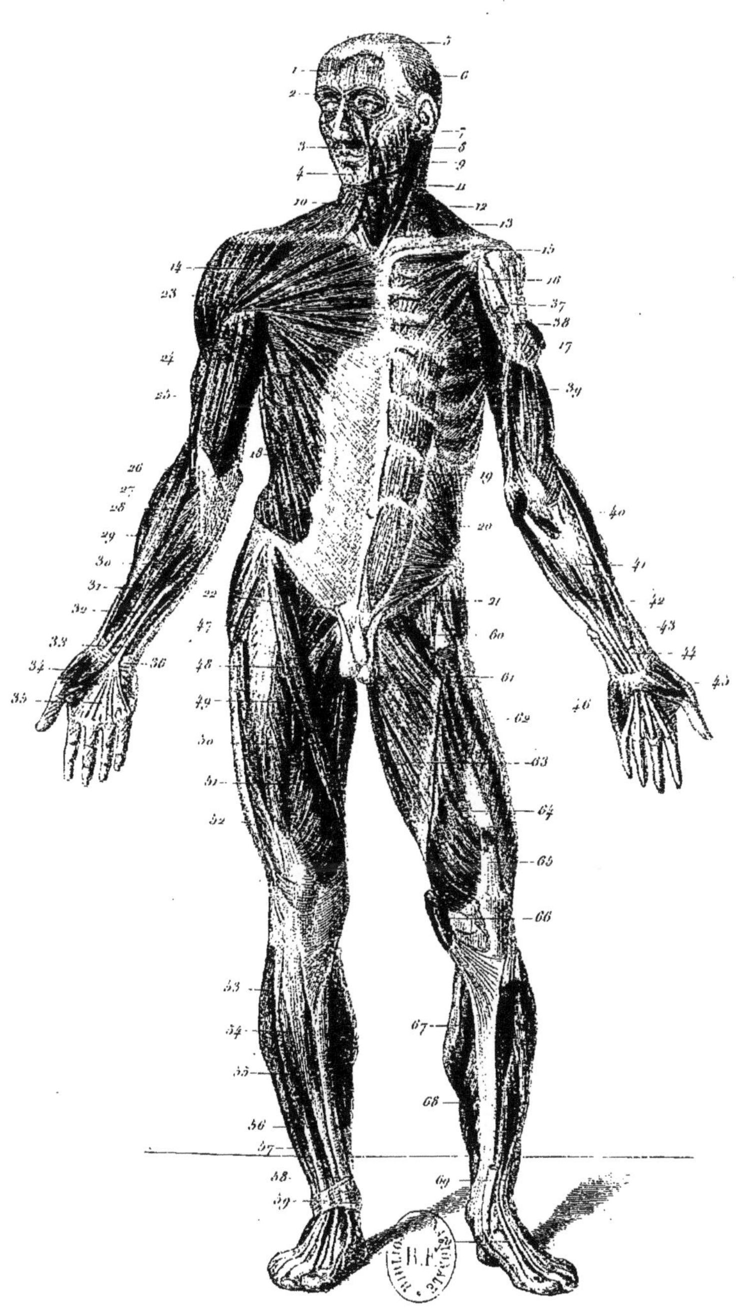

Laveillé del.

C. Carey et Gabriel sc.

PLANCHE V.

Système musculaire.

ÉCORCHÉ VU PAR DERRIÈRE

Muscles superficiels du côté gauche , muscles profonds du côté droit.

1. Auriculaire. — 2. Occipital.— 3. Sterno-cléido-mastoïdien. — 4. Splénius. — 5. Grand complexus. — 6. Angulaire de l'omoplate. —7. Trapèze. — 8. Grand dorsal. — 9. Rhomboïde. — 10. Grand dentelé. — 11. Petit dentelé. — 12. Deltoïde. — 13. Sus-épineux. — 14. Sous-épineux. — 15. Petit rond. — 16. Grand rond. — 17. Triceps brachial. — 18. Long supinateur. — 19. Anconé. — 20. 1er radial. — 21. 2e radial.—22. Extenseur commun des doigts. — 23. Long extenseur du pouce. — 24. Ligament annulaire du carpe. — 25. Grand abducteur du pouce. — 26. Long extenseur du pouce. — 27. Court extenseur du pouce. — 28. Extenseur propre de l'index. — 29. Extenseur propre du petit doigt. — 30. Grand fessier. — 31. Petit fessier. — 32. Pyramidal. — 33. Jumeaux et Obturateur interne. — 34. Carré de la cuisse. — 35. Biceps. — 36. Demi-tendineux. — 37. Demi-membraneux. — 38. Grand adducteur. — 39. Courte portion du biceps, dont on voit la section au-dessous. — 40. Jumeaux. — 41. Poplité. — 42. Plantaire grêle. — 43. Soléaire. — 44. Jumeaux, coupés. — 45. Tendon d'Achille. — 46. Ligament annulaire du tarse.

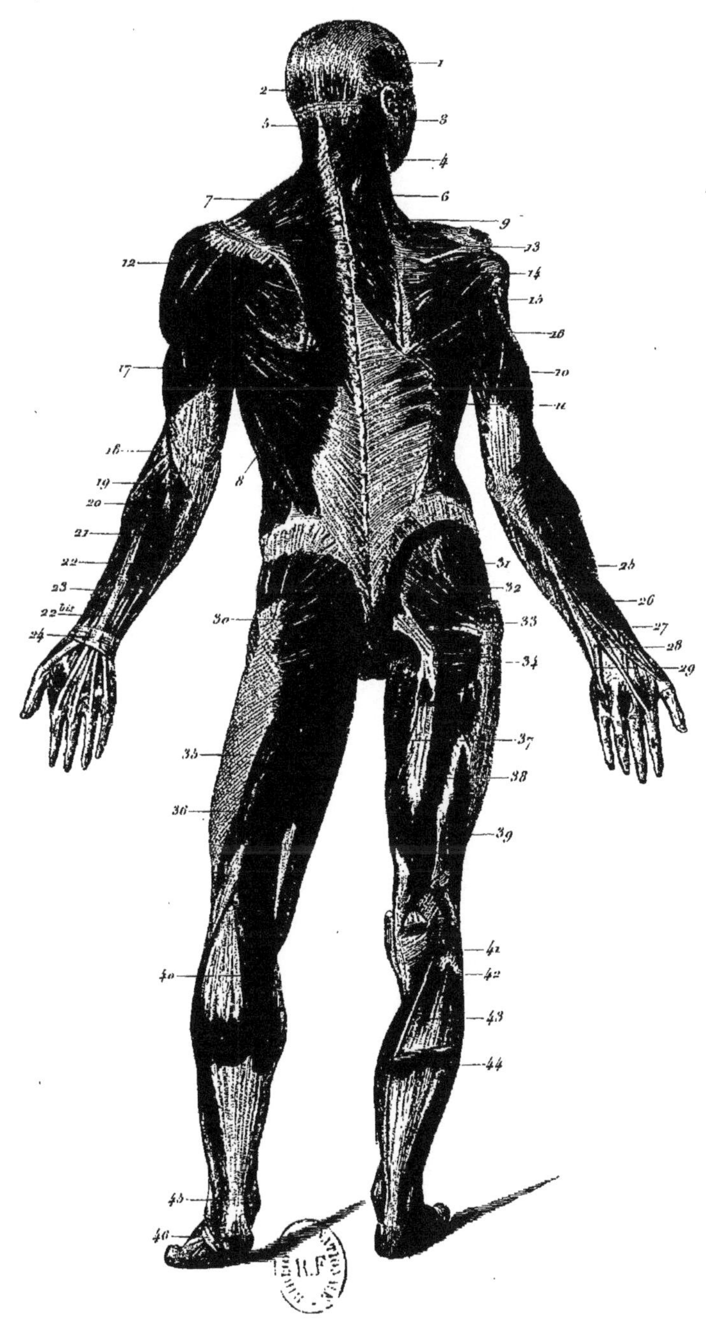

Léveillé del.

Ch. Carey et Gabriel sc.

PLANCHE VI.

Système musculaire.

Fig. 1. — DIAPHRAGME, MUSCLES PROFONDS DE L'ABDOMEN ET DU
BASSIN.

Les parois du ventre et tous les organes contenus dans cette cavité ont été enlevés, afin de mettre ces muscles en évidence. Par l'effet du renversement du tronc en arrière le diaphragme, qui regarde en bas dans la position ordinaire, fait face en avant dans cette figure.

1. Diaphragme : *p g*, pilier gauche ; *p d*, pilier droit ; *v c*, ouverture pour le passage de la veine cave supérieure ; *œ*, ouverture pour le passage de l'œsophage ; *a o*, aorte coupée à l'endroit où elle sort de la poitrine. — 2. Psoas. — 3. Petit psoas. — 4. Psoas coupé pour faire voir — 5. l'Iliaque, — 6. le Carré des lombes. — 7. Obturateur externe.

Dans la section des parois abdominales on distingue la coupe des muscles suivants : A. Grand droit de l'abdomen. — B. Grand pectoral. — C. Grand oblique. — D. Petit oblique. — E. Transverse.

Fig. 2. — MUSCLES DU PÉRINÉE.

1. Ischio-coccygien. — 2. Releveur de l'anus.— 3. Sphincter de l'anus. — 4. Transverse du périnée. — 5. Ischio-caverneux. — 6. Bulbo-caverneux. — 7. Verge ou Pénis. — 8. Testicule.

a. Droit interne. — *b* et *c*. Adducteurs de la cuisse. — *d.* Grand fessier.

Fig. 1.

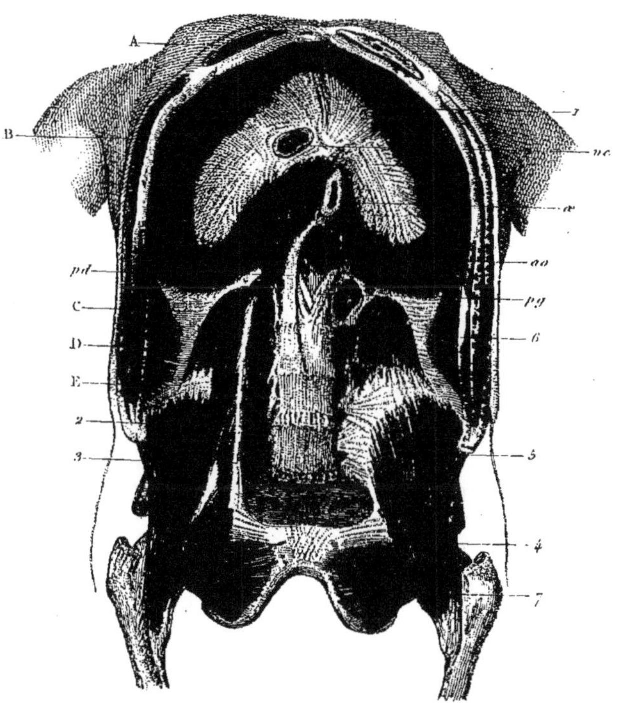

Fig. 2.

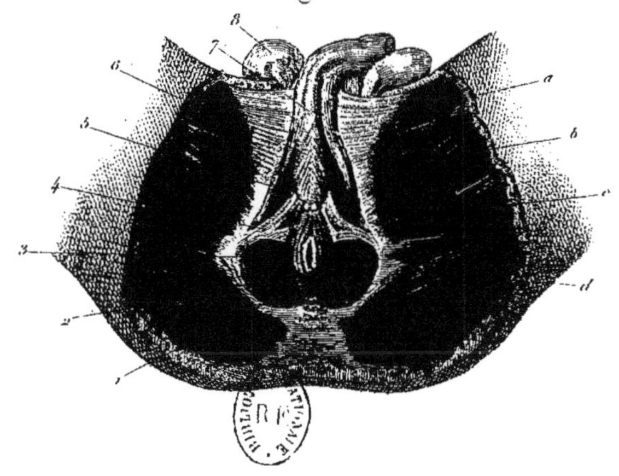

PLANCHE VII.

Organes de la déglutition et de la phonation.

Fig. 1. — MUSCLES DE LA LANGUE, DU LARYNX ET DU PHARYNX.

On a enlevé la moitié de l'os maxillaire inférieur du côté droit, afin dè mettre ces organes à découvert.

1. Lingual. — 2. Génio-glosse. — 3. Hyo-glosse. — 4. Thyro-hyoïdien. — 5. Crico-thyroïdien. — 6. Constricteur supérieur du pharynx. — 7. Constricteur moyen. — 8. Constricteur inférieur.— 9. Stylo-glosse. — 10. Stylo-hyoïdien. — 11. Stylo-pharyngien. A. Pharynx.—B. Trachée-artère.—C. Cartilage thyroïde (pomme d'Adam).—D. Os hyoïde. —E. Section de l'os maxillaire inférieur. — F. Section et épaisseur de la lèvre inférieure. — G. Trou auditif externe.

Fig. 2. — LARYNX ET TRACHÉE-ARTÈRE.

Ces organes sont vus par leur face antérieure et externe.

1. Os hyoïde. — 2. Cartilage thyroïde. — 3. Muscle thyroïdien. — 4. Membrane thyro-hyoïdienne. — 5. Cartilage criocide. — 6. Muscle crico-thyroïdien. — 7, 7. Anneaux de la trachée-artère.

Fig. 3. — INTÉRIEUR DU LARYNX.

Cette figure représente la moitié gauche du larynx, de la luette et du pharynx.

1. Cartilage thyroïde. — 2. Coupe de la partie postérieure de ce même cartilage. — 3. Ventricule du larynx. — 4. Corde vocale. — 5. Intérieur du larynx et de la trachée-artère. — 6. Section des anneaux de la trachée.— 7. Épiglotte.— 8. Os hyoïde.— 9. Membrane thyro-hyoïdienne. — 10. Intérieur du pharynx.

Fig. 4. — ARRIÈRE-BOUCHE; LA GORGE VUE PAR SA PARTIE POSTÉRIEURE.

L'œsophage est ouvert en arrière, et ses parois sont écartées au moyen d'érignes pour faire voir la position respective des fosses nasales, du voile du palais, de la langue et du larynx.

1, 1. Fosses nasales. — 2. Cloison des fosses nasales.— 3, 3. Ouverture postérieure de la bouche et base de la langue.—4. Épiglotte et entrée du larynx. — 5. OEsophage ouvert.—6. Trachée-artère. — 7. Muscle péristaphylin interne. —8. Muscle constricteur supérieur du pharynx. — 9. Muscle palato-pharyngien. — 10. Muscle palato-staphylin. — 11. Muscle pharyngo-staphylin. — 12. Luette. — 13. Muscles arythénoïdiens. — 14. Muscle crico-arythénoïdien postérieur.

Fig. 1.

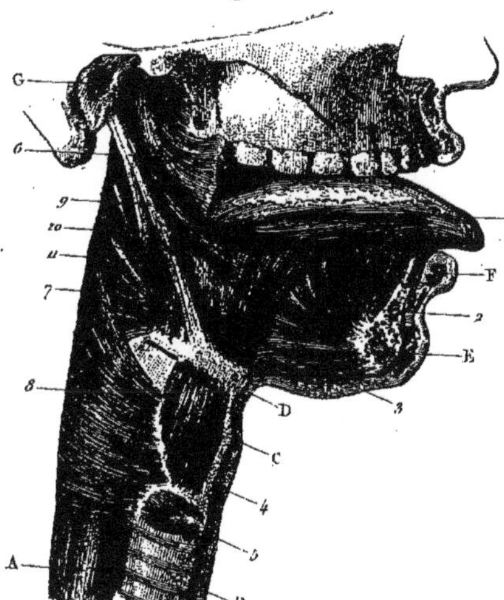

Fig. 2.

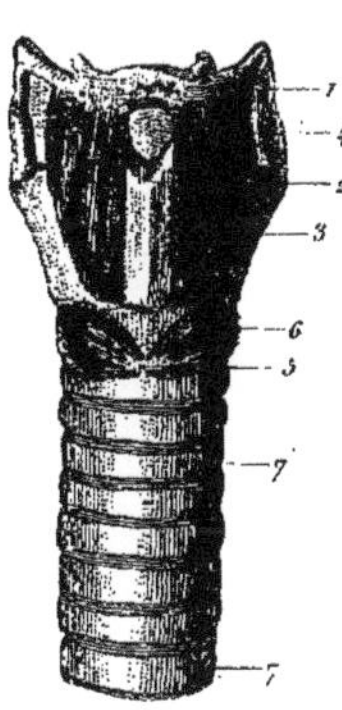

Fig. 3.

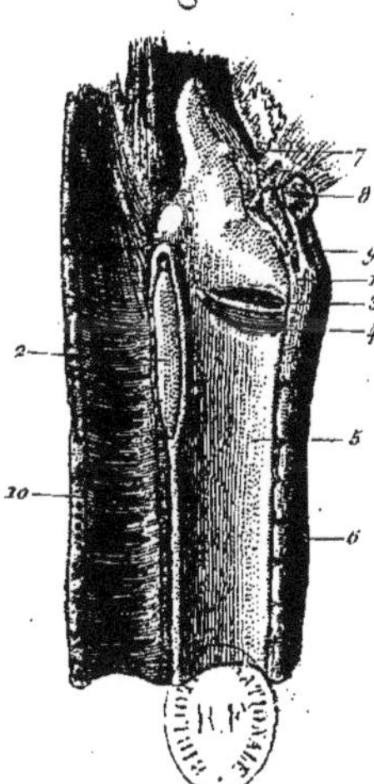

Fig. 4.

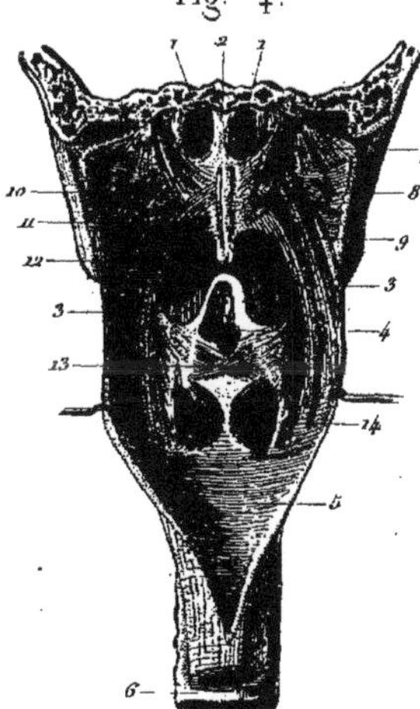

PLANCHE VIII.

Système nerveux.

Fig. 1. — CERVEAU VU PAR SA FACE SUPÉRIEURE.

A. Partie antérieure. — **B.** Partie postérieure : on voit la Grande scissure longitudinale dite de Sylvius qui divise la masse cérébrale en deux parties égales, appelées : — **C.** Hémisphère droit. — **D.** Hémisphère gauche. — *a, a, a, a.* Anfractuosités. — *c, c, c, c.* Circonvolutions cérébrales.

Fig. 2. —CERVEAU VU PAR SA FACE INFÉRIEURE, ET MOELLE ÉPINIÈRE.

On voit sur cette figure la naissance des nerfs cérébro-spinaux ou encéphalo-rachidiens.

a. Lobe antérieur du cerveau.— *b.* Scissure de Sylvius. — *c.* Lobe moyen. — *d.* Tubercules cendrés, surmontés de la Tige pituitaire. — *e.* Protubérance cérébrale ou annulaire. — *f.* Lobe postérieur.— *g.* Cervelet. — *h.* Moelle allongée : pyramide antérieure.— *i.* Eminence olivaire. — *k.* Moelle épinière. — *l.* Queue de cheval.
1. Nerf olfactif.— **2.** Sillon où loge ce nerf. — **3.** Nerf optique. — **4.** Nerf moteur oculaire commun. — **5.** Nerf pathétique. — **6.** Nerf trijumeau.— **7.** Nerf moteur oculaire externe.— **8.** Nerfs facial et auditif, ou 7e et 8e paires. — **9.** Nerf pneumo-gastrique et nerf glosso-pharyngien, ou 9e et 10e paires. — **10.** Nerf hypoglosse. — **11.** Nerf spinal. — **12.** Nerf sous-occipital. — 13, 13, 13. Nerfs spinaux.—14, 14. Les mêmes, dont la racine antérieure est coupée. — 15, 15. Ligament dentelé.

Fig. 3. — NERFS CÉRÉBRAUX OU ENCÉPHALIQUES ET LEURS TRAJETS.

1. Nerf optique. — **2.** Nerf moteur oculaire commun. — **3.** Nerf trijumeau : renflement ganglionnaire duquel partent trois branches. — **4.** Nerf ophthalmique (1re branche du trijumeau ; il fournit : *a,* le nerf nasal; *b,* le lacrymal ; *c,* le frontal.— **5.** Nerf maxillaire supérieur (2e branche du trijumeau) ; il se termine en *d,* sous le nom de Sous-orbitaire. — **6.** Nerf maxillaire inférieure (3e branche du trijumeau), il fournit : *e,* le buccal; *f,* le lingual; *g,* continuation du nerf, qui forme le dentaire inférieur et sort en *h,* par le trou mentonnier ; *i,* rameau massétérin. — **7.** Nerf de la 10e paire au sortir du crâne. — **8.** Nerf glosso-pharyngien. — **9.** Nerf spinal (12e paire, selon les anatomistes modernes). — **10.** Nerf pneumo-gastrique ou de la 10e paire proprement dite ; il fournit : *j,* le laryngé supérieur : *k,* un plexus formé avec des rameaux du laryngé, du pharyngien, du récurrent et des ganglions cervicaux; *l,* le nerf laryngé inférieur ou récurrent : *m,* naissance des nerfs cardiaques du pneumo-gastrique ; *n,* division multiple du pneumo-gastrique derrière les bronches et les poumons, qui sont un peu renversés pour faire voir le plexus pulmonaire, formé aussi par l'adjonction de nerfs ganglionnaires ; *o,* pneumo-gastrique enlaçant l'œsophage ; *p,* le même du côté gauche se répandant sur l'estomac ; *q,* le même du côté droit se terminant à l'estomac et dans le plexus solaire. — **11.** Nerf hypoglosse. —**12.** Ganglion cervical envoyant des rameaux aux plexus voisins. —13, 13. Ganglions thoraciques. (Voy. Pl. X.)

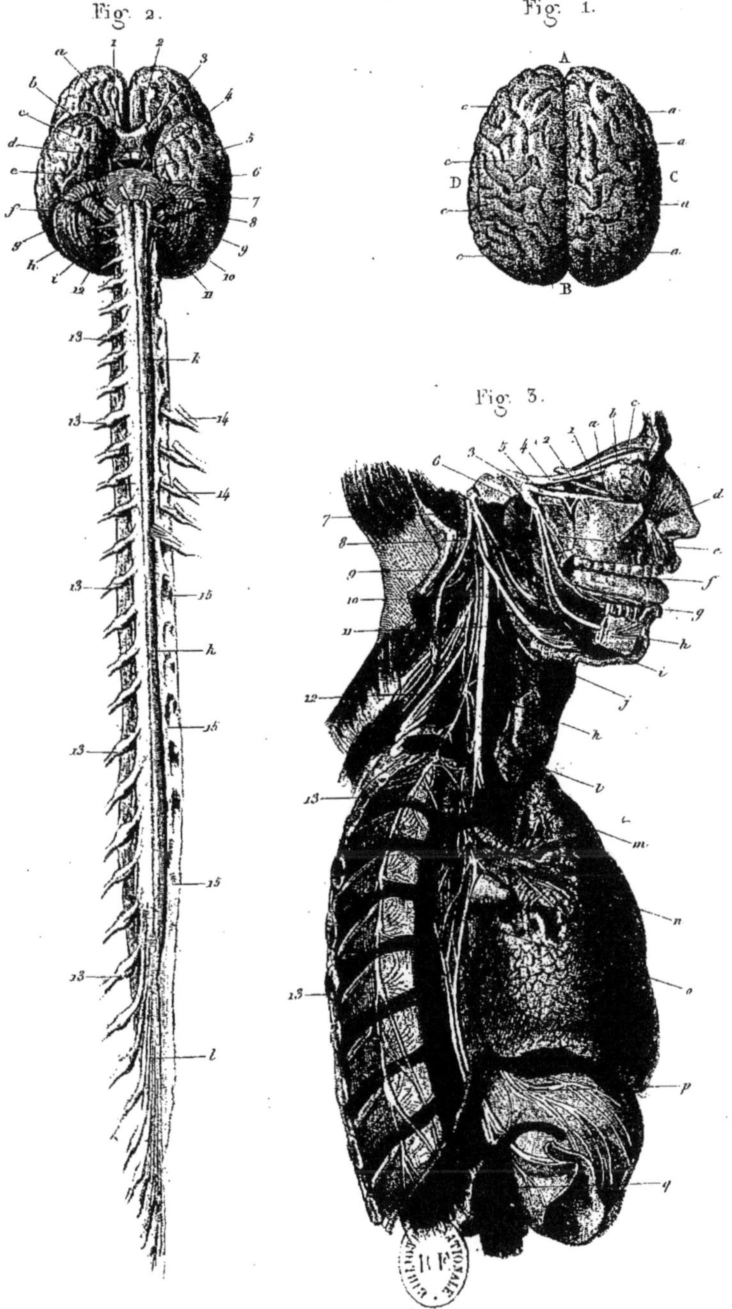

Fig. 2.
Fig. 1.
Fig. 3.
A
B
C
D
Léveillé del.
Ch. Carey et Gabriel sc.

PLANCHE IX.

Système nerveux.

NERFS ENCÉPHALO-RACHIDIENS OU CÉRÉBRO-SPINAUX.

Les parois abdominales du côté droit et les viscères du bas-ventre sont enlevés pour laisser voir le Plexus lombaire et le Plexus sacré.

1. Nerf sus-orbitaire. — 2. Nerf sous-orbitaire. — 3. Nerf mentonnier. — 4. Nerf facial. — 5. Pneumo-gastrique. — 6. Spinal. — 7. Deuxième nerf cervical (branche postérieure). — 8. Branche moyenne du plexus cervical. — 9. Branche descendante du plexus cervical. — 10. Plexus brachial. — 11. Branche que fournit ce plexus au grand dentelé, etc. — 12. Nerf circonflexe. — 13. Nerf musculo-cutané. —14. Nerf médian. — 14 *bis*. Division de ce nerf aux doigts. — 15. Nerf cubital. — 16. Arcade profonde du cubital. — 17. Nerf radial. — 18, 18. Nerfs intercostaux.—19. Plexus lombaire. — 20. Nerf ilio-scrotal. — 21. Nerf génito-crural. — 22 . Nerf crural. — 23. Branche inguino-cutanée du crural.—24. Branche perforante du crural. — 25. Nerf obturateur. — 26, 26. Nerf saphène interne. — 27. Plexus sacré. — 28. Nerf saphène externe. — 29. Nerf tibial antérieur. — 30. Nerf musculo-cutané de la jambe.

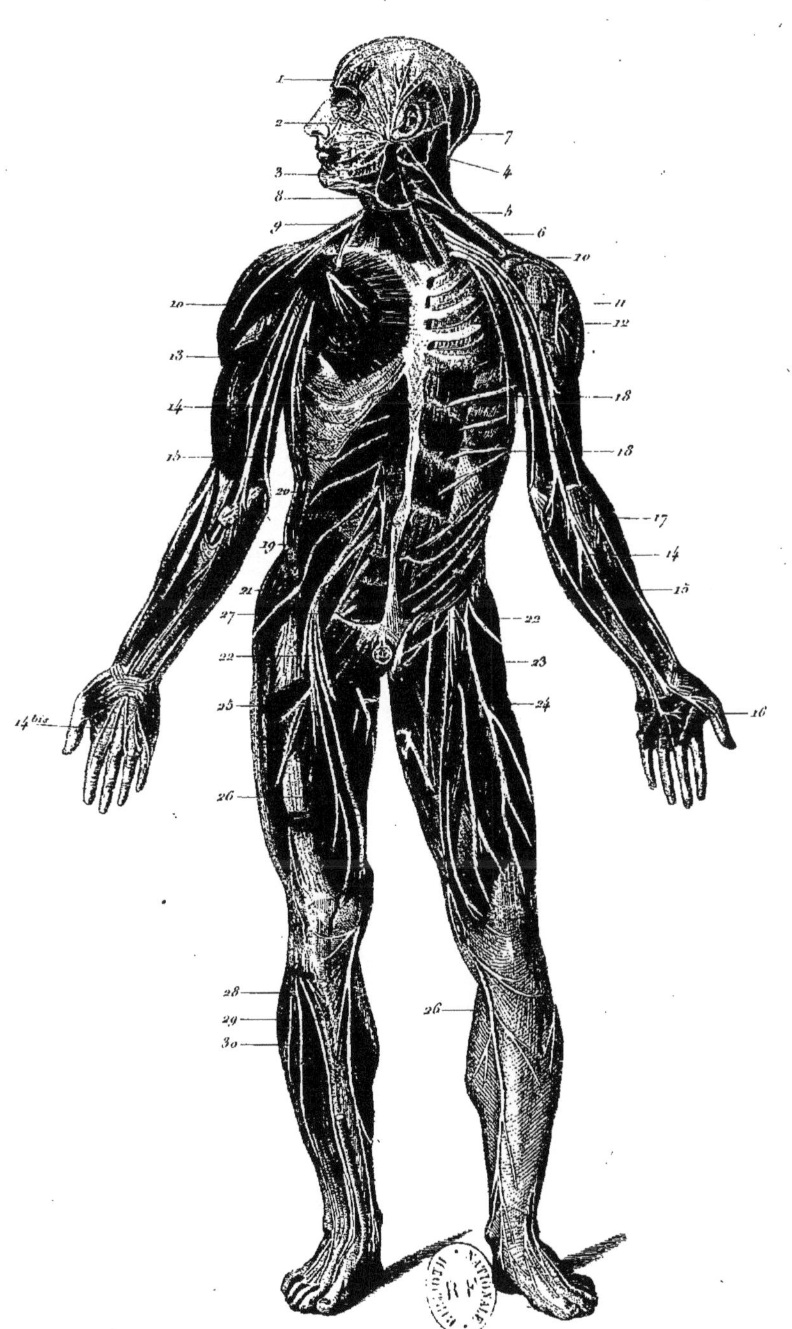

1
2
3
8
9
7
4
5
6
10
10
11
12
13
18
14
18
15
18
17
20
14
19
15
21
22
27
23
22
24
25
16
14 bis
26
28
29
26
30

PLANCHE X.

Fig. 1. — NERF SCIATIQUE ET NERF POPLITÉ.

Le membre inférieur droit présente sa face postérieure, préparée de manière à mettre ces nerfs à découvert.

1. Nerf sciatique. — 2. Division de ce nerf en poplité interne et poplité externe. — 3. Poplité externe. — 4. Poplité interne. — 5. Division du poplité en plantaire interne et en plantaire externe.

Fig. 2. — SYSTÈME GANGLIONNAIRE OU DU GRAND SYMPATHIQUE.

Il faut se figurer une immense quantité de filets nerveux extrêmement fins, partant des ganglions et formant des plexus aux organes de nutrition, surtout aux artères.

1. Ganglion cervical supérieur. — 2. Ganglion cervical moyen. — 3. Ganglion cervical inférieur. — 4, 5, 6, 7, 8, 9, 10, 11, 12, 13, 14. Ganglions thoraciques. — 15. Ganglion semi-lunaire. — 16, 17, 18, 19. Ganglions lombaires. — 20 Ganglion sacré. — 21. Rameaux ascendants du ganglion cervical supérieur, lesquels communiquent avec les ganglions céphaliques, qu'on ne voit point sur cette figure. — 22. Rameaux antérieurs de ce même ganglion cervical. — 23. Rameaux faisant communiquer le ganglion avec les nerfs cervicaux. — 24. Racines du nerf cardiaque supérieur. — 25. Branche de communication entre le ganglion supérieur et le moyen. — 26. Racine du nerf cardiaque moyen. — 27. Racine du nerf cardiaque inférieur. — 28. Nerfs cardiaques. — 29. Plexus cardiaque. — 30. Pneumogastrique allant à l'estomac, où il concourt à former le — 31. Plexus coronaire stomachique. — 32. Grand nerf splanchnique. — 33. Plexus solaire. — 34. Plexus mésentérique supérieur. — 35. Plexus accompagnant l'aorte dans le ventre. — 36. Plexus mésentérique inférieur. — 37. Plexus hypogastrique.

Fig. 1.

Fig. 2.

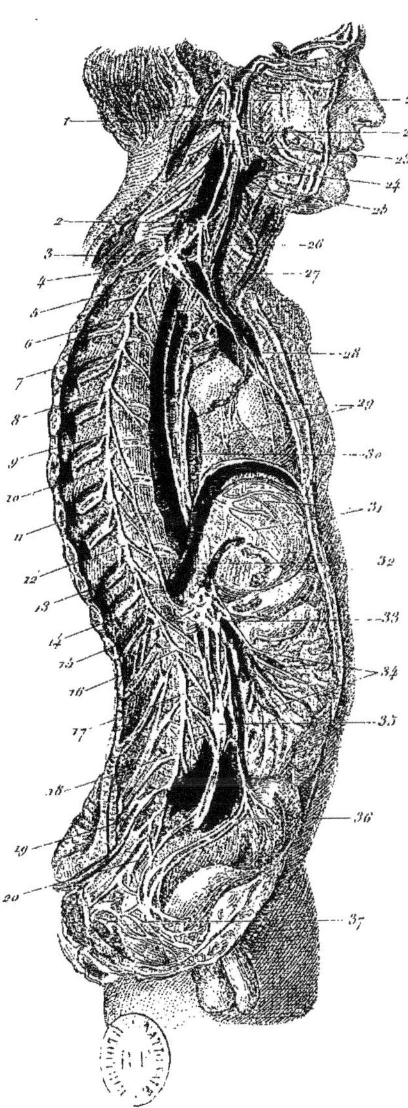

PLANCHE XI.

Organes des sens.

Fig. 1. — APPAREIL OLFACTIF.

Cette figure représente le côté externe de le narine gauche.

1. Cornet inférieur. — 2. Méat inférieur. — 3. Cornet moyen. — 4. Méat moyen. — 5. Cornet supérieur. — 6. Méat supérieur. — 7. Nerf olfactif, dont les ramifications se répandent dans la muqueuse olfactive. — 8. Canal nasal, dont on a enlevé une partie de la paroi externe pour en faire voir l'intérieur. — 9. Ouverture de la trompe d'Eustache dans l'arrière-bouche.

Fig. 2. — APPAREIL VISUEL ; OEIL VU DE FACE.

1. Membrane muqueuse ou Conjonctive. — 2. Cornée. — 3. Pupille, formée par l'iris dont on voit les fibres rayonnantes. — 4. Caroncule lacrymale. — 5. Membrane clignotante. — 6 et 7. Points lacrymaux.

Fig. 3. — APPAREIL VISUEL ; MUSCLES DE L'OEIL.

La moitié externe de l'orbite droit est enlevée, afin de mettre ces muscles à découvert.

1. Muscle droit supérieur. — 2. Muscle droit externe. — 3. Muscle droit inférieur. — 4. Muscle petit oblique. Le grand oblique n'est point visible sur cette figure, mais on voit sa portion réfléchie, sur la gravure. — 5. Muscle élévateur de la paupière supérieure. — 6. Membrane conjonctive. — 7. Sclérotique, non recouverte par la conjonctive.

Fig. 4. — APPAREIL VISUEL ; INTÉRIEUR DE L'OEIL.

OEil considérablement grossi, coupé verticalement par la moitié, dans le sens antéro-postérieur.

1. Sclérotique. — 2. Choroïde. — 3. Ligament ciliaire, continuant la choroïde en avant. — 4. Procès ciliaires, continuant la choroïde en arrière. — 5. Rétine. — 6. Membrane hyaloïde. — 7. Corps vitré. — 8. Cornée. — 9. Iris. — 10. Chambre antérieure. — 11. Chambre postérieure. — 12. Cristallin. — 13. Division de la Membrane hyaloïde en deux lames qui enveloppent le cristallin. — 14. Canal goudronné ou de Petit. — 15. Nerf optique. — 16. Artère centrale de la rétine. — 17. Canal hyaloïdien.

Fig. 5. — APPAREIL DE SÉCRÉTION LACRYMALE.

L'œil est dans sa cavité orbitaire, dépouillée de parties molles. Les paupières sont enlevées, mais les conduits lacrymaux et le sac lacrymal sont représentés.

1. Glande lacrymale. — 2. Point et conduit lacrymaux supérieurs. — 3. Point et conduit lacrymaux inférieurs. — 4. Sac lacrymal. — 5. Poulie de réflexion du muscle Grand oblique.

Fig. 1.

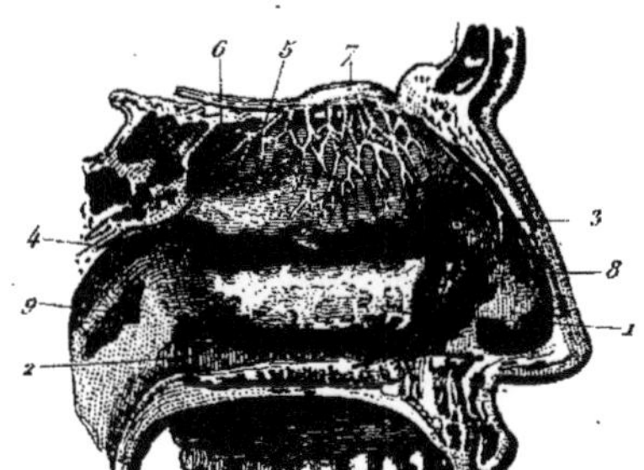

Fig. 2.

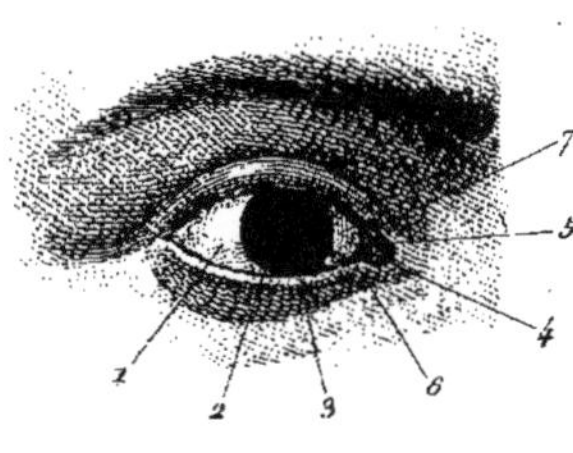

Fig. 4.

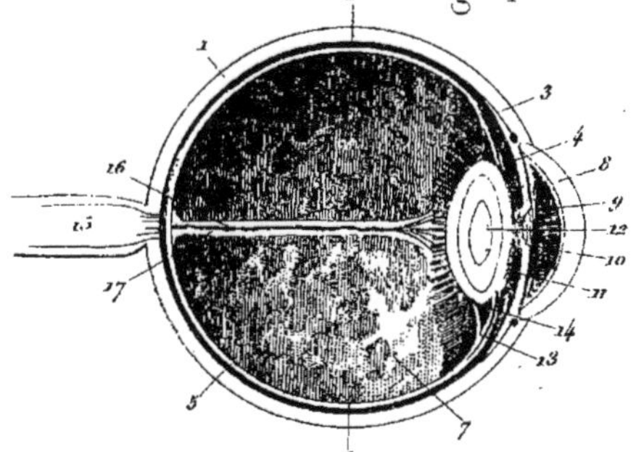

Fig. 5.

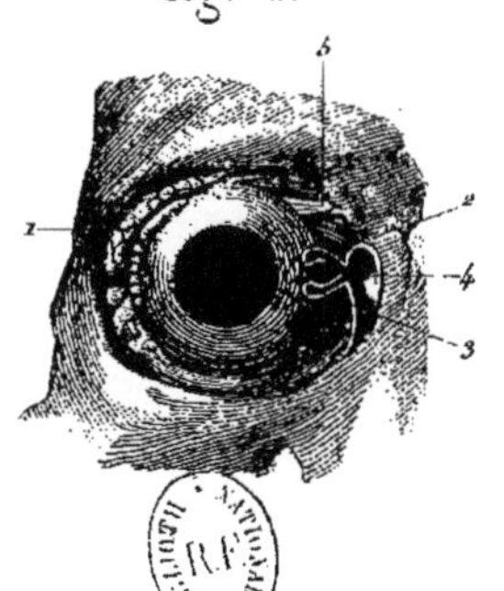

Fig. 3.

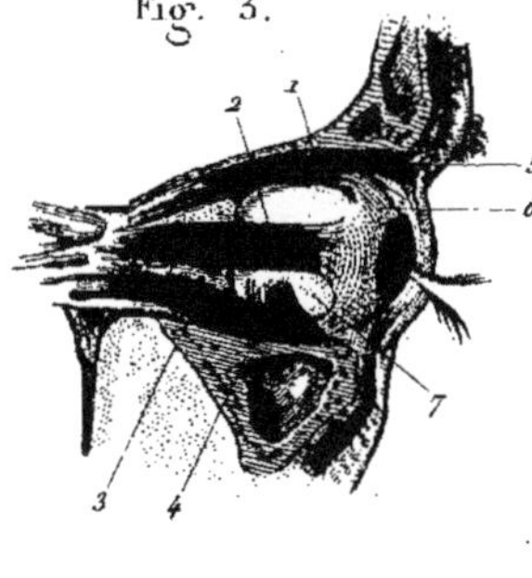

rillé del.

C. Carey et Gabriel sc.

PLANCHE XII.

Organes des sens.

Fig. 1. — APPAREIL AUDITIF ; OREILLE EXTERNE.

Cette figure représente le conduit auditif externe et la trompe d'Eustache.

1. Conduit auditif externe. — 2. Membrane du tympan. — 3. Trompe d'Eustache. — 4. Ouverture gutturale de la trompe. — 5. Artère carotide interne.

Fig. 1 bis. — APPAREIL AUDITIF ; OREILLE INTERNE.

Cette figure représente l'os temporal dont on a enlevé la portion qui fait partie de la base du crâne, afin de mettre en évidence les objets ci-dessous désignés.

1. Nerf auditif. — 2. Nerf facial, coupé pour découvrir le limaçon. — 2 *bis.* Le même nerf après sa section. — 3. Canaux demi-circulaires. — 4. Limaçon. — 5. Rocher. — 6. Apophyse zygomatique. — 7. Artère carotide interne, entrant dans le crâne par le canal carotidien.

Fig. 2. — APPAREIL GUSTATEUR ; LA LANGUE.

Les papilles de la langue sont grossies.

1. Papilles coniques. — 2. Lignes formées par les papilles filiformes. — 3. Papilles calicinées disposées en V. — 4. Glandules de la base de la langue. — 5. Ligaments glosso-épiglottiques.

Fig. 3. — APPAREIL TACTILE ; LA PEAU.

Structure de la peau étudiée au microscope, d'après Breschet.

1. Derme. — 2. Épiderme, disposé par couches. — 3. Papilles disposées par paires formant les lignes de la peau. — 4. Nerfs d'une papille. — 5. Conduit sudorifère se dégageant entre deux papilles. — 6. Glande et conduit sudorifères vus en entier. — 7. Glande et conduit épidermiques : le conduit s'ouvre dans le sillon intermédiaire aux paires de papilles. — 8. Appareil de sécrétion de la matière colorante de la peau, terminé par une foule de petits conduits. — 9. Vaisseaux absorbants. — 10, 10. Vaisseaux sanguins.

Fig. 4. — SYSTÈME PILEUX.

Coupe verticale d'un poil de la bajoue d'un bœuf, d'après Gauthier.

1. Membrane du follicule. — 2. Vaisseau s'introduisant dans le follicule par son orifice. — 3. Le même, descendant pour aller à la base du poil. — 4. La cavité du poil, dont la base repose sur un petit corps conoïde rougeâtre. — 5. Racine du follicule formée par des filets nerveux. — 6. Poil. — 7. Petits poils. — 8, 8. Follicules sébacés qui garnissent l'entrée du bulbe des poils.

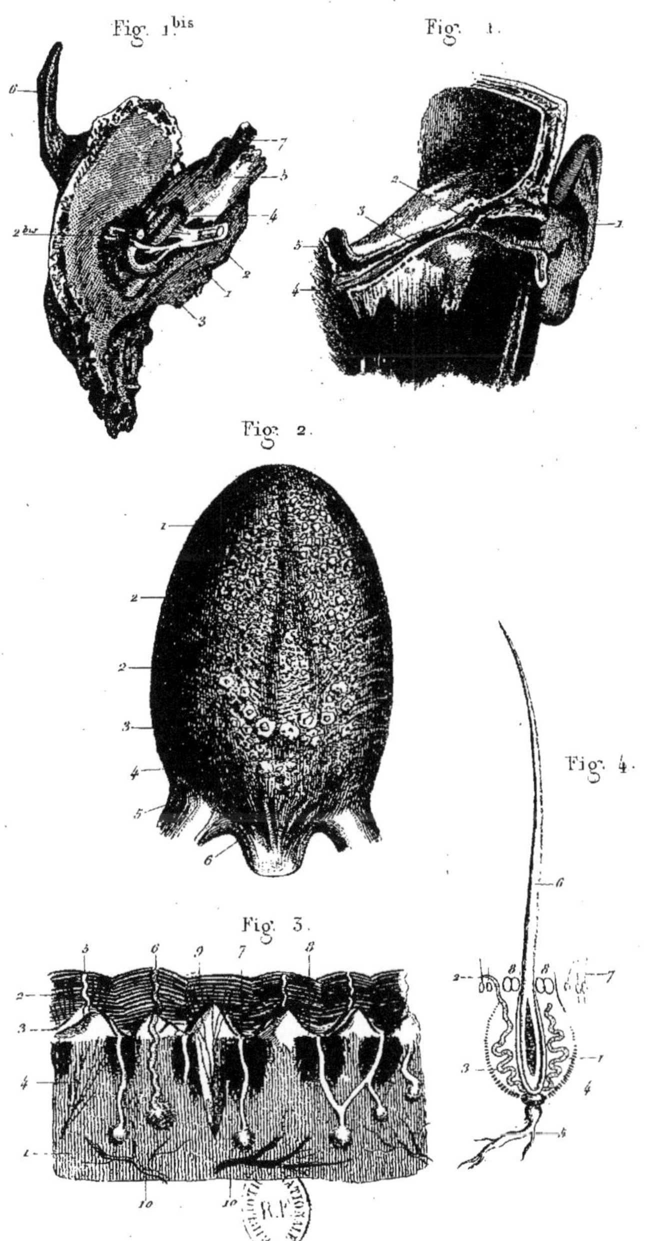

Fig. 1 bis
Fig. 1.
Fig. 2.
Fig. 3.
Fig. 4.

PLANCHE XIII.

Appareils de la digestion et de la sécrétion biliaire.

TUBE INTESTINAL ET FOIE.

Une portion de la paroi antérieure de l'estomac, et presque toute celle du duodénum sont enlevées, afin de montrer l'intérieur de ces viscères. Le foie est relevé pour faire voir la vésicule biliaire et le canal cholédoque.

1. Œsophage. — 2. Estomac. — 3. Intérieur de l'estomac. — 4. Valvule du pylore. — 5. Vue intérieure du duodénum. — 6, 6, 6, 6. Intestin grêle. — 7. Cæcum, offrant *a* l'appendice cœcal. — 8. Côlon ascendant. — 9. Côlon transverse. — 10. Côlon descendant. — 11. L'S du côlon. — 12. Rectum. — 13. Anus.

a. Foie. — *b.* Vésicule biliaire. — *c.* Conduit cystique. — d. Canal hépatique. — *e.* Canal cholédoque. — *f.* Ouverture du canal cholédoque dans le duodénum. — *h.* Ligament suspenseur du foie.

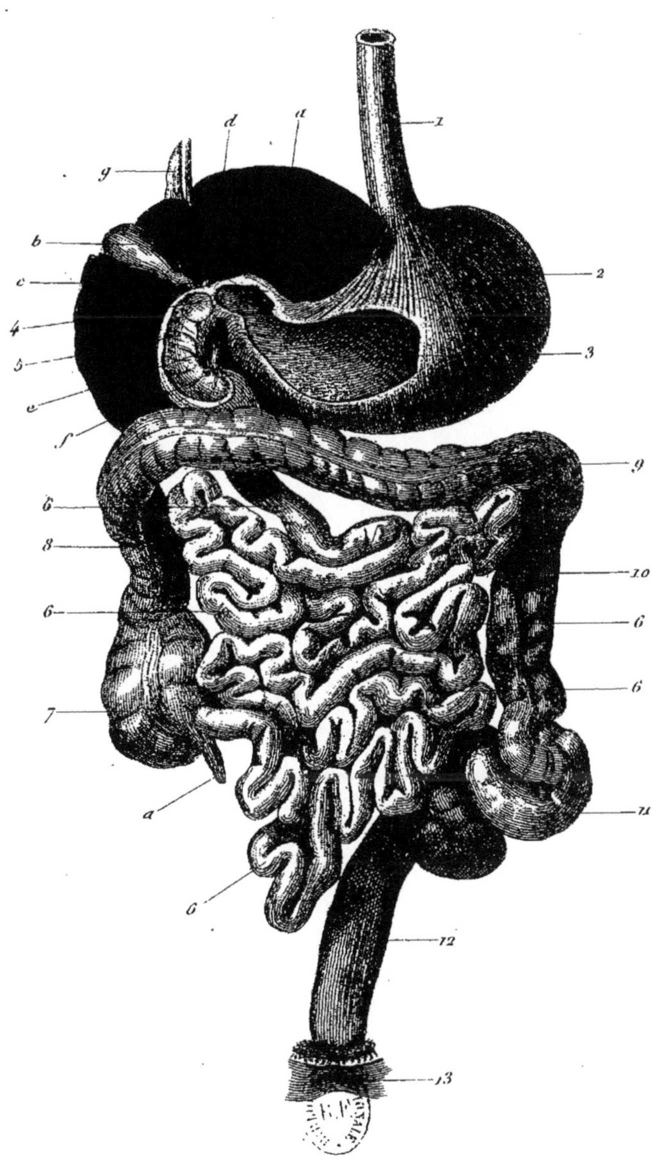

Léveillé del.   C. Carry et Gabriel sc.

PLANCHE XIV.

Cadavre ouvert.

POSITION RESPECTIVE DES PRINCIPAUX VISCÈRES.

La voûte du crâne étant enlevée, on voit le cerveau recouvert par la dure-mère du côté
gauche, par l'arachnoïde du côté droit. Les parois de la poitrine et du ventre étant
ôtées, on aperçoit, dans leur position normale, les poumons, le cœur, le foie, l'estomac, et les intestins sur lesquels flotte l'épiploon.

1. Hémisphère gauche du cerveau recouvert par la dure-mère. —
2. Hémisphère droit recouvert par la pie-mère et l'arachnoïde, qui
dessinent les circonvolutions. — 3. Sinus veineux longitudinal. —
4. Dure-mère détachée et renversée. — 5. Poumon gauche. — 5 *bis*.
Poumon droit. — 6. Péricarde enveloppant le cœur. — 7, 7. Débris
de la plèvre, qui a été enlevée. — 8. Médiastin antérieur, mis à
découvert par l'enlèvement du sternum dont on voit encore l'extré-
mité inférieure. — 9. Diaphragme. — 10. Foie. — 11. Estomac.
— 12. Epiploon. — 13. Intestin grêle. — 14. Côlon. — 15. Vessie.
— 16, 16. Débris du péritoine, qui a été enlevé.

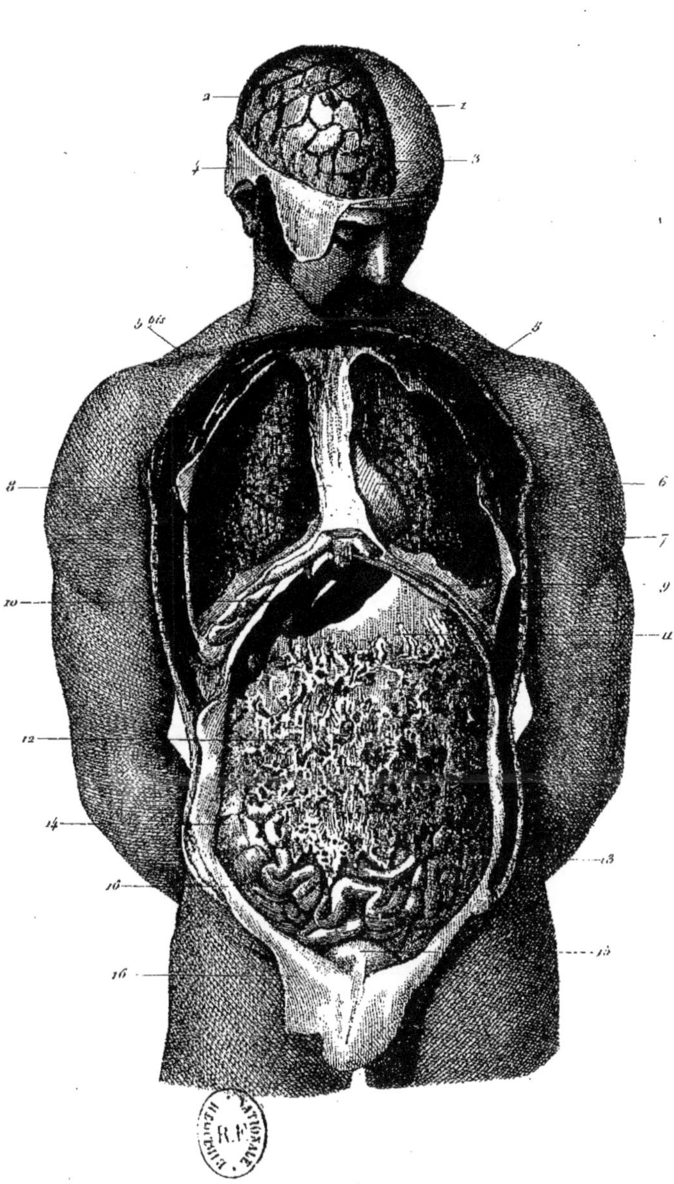

Léveillé del.

C. Carey et Gabriel sc.

PLANCHE XV.

Appareils de la respiration et de la circulation.

Fig. 1. — POUMONS, CŒUR ET GROS VAISSEAUX.

Disposition respective de ces organes. Les poumons qui, dans leur position normale, cachent en avant le cœur presque tout entier, sont écartés au moyen de deux érignes pour découvrir l'organe central de la circulation.

1. Trachée-artère : les bronches qu'elle forme en se divisant sont cachées presque entièrement par les vaisseaux; on voit cependant, 1 *bis*, la bronche droite. — 2. Poumon droit. — 3. Poumon gauche. — 4. Cœur. — 5. Veine cave supérieure, formée par *vs, vs,* les veines sous-clavières, et *vj, vj,* les veines jugulaires. — 5 *bis.* Veine cave inférieure. Les deux veines caves aboutissent à *o d,* l'oreillette droite, laquelle communique avec *v d,* le ventricule droit. — 6. Artère pulmonaire, naissant du ventricule droit et se subdivisant dans les poumons. — 7, 7. Veines pulmonaires, se rendant à *o g* l'oreillette gauche, qui communique avec *v g,* le ventricule gauche. — 8. Artère aorte, naissant du ventricule gauche et fournissant, à sa crosse : *b c,* l'artère brachio-céphalique, laquelle se divise presque aussitôt en : *a s,* artère sous-clavière, et *a c,* artère carotide; *a c',* artère carotide gauche; *a s',* artère sous-clavière-gauche. — 9. Aorte descendante.

Fig. 2. — ORGANE CENTRAL DE LA CIRCULATION ; LE CŒUR.

Le cœur est coupé perpendiculairement par la moitié et l'on voit l'intérieur des oreillettes et des ventricules. L'artère pulmonaire et l'aorte sont ménagées.

1. Veine cave supérieure. — 2. Intérieur de l'oreillette droite. — 3. Intérieur du ventricule droit. — 4. Artère pulmonaire. — 5, 5. Veines pulmonaires. — 6. Intérieur de l'oreillette gauche. — 7. Intérieur du ventricule gauche. — 8. Aorte. — 9. Tronc brachio-céphalique. — 10. Artère carotide gauche. — 11. Artère sous-clavière.

Fig. 3. — CAVITÉS DU CŒUR.

On ne voit que la moitié postérieure et interne du cœur.

1. Oreillette droite. — 2. Ventricule droit. — 3. Oreillette gauche. — 4. Ventricule gauche. — 5. Cloison inter-auriculaire. — 6. Cloison inter-ventriculaire. — 7. Orifice auriculo-ventriculaire droit. — 8. Orifice auriculo-ventriculaire gauche.

Fig. 1.

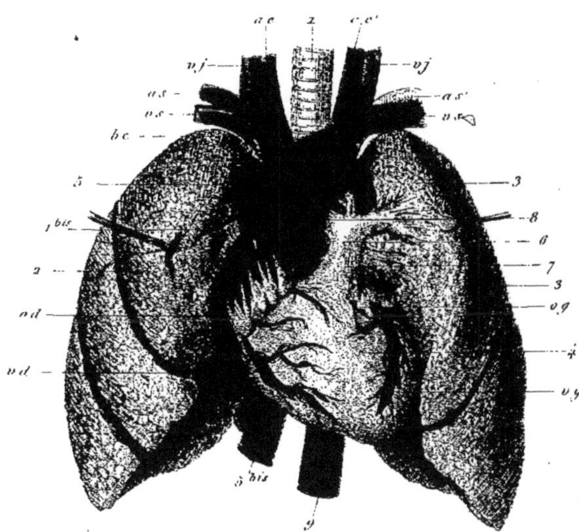

Fig. 3.   Fig. 2.

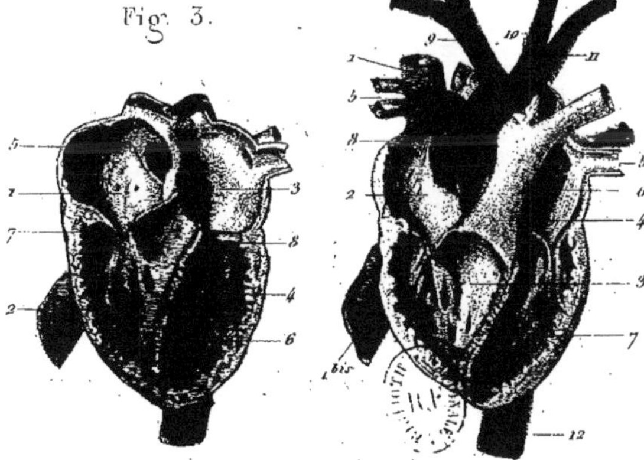

PLANCHE XVI.

Système artériel.

ARTÈRES VUES DANS LEUR ENSEMBLE

Sur cette figure, les artères principales sont seules représentées. Mais il faut admettre, par la pensée, des divisions et subdivisions de ces vaisseaux sans nombre et de plus en plus déliées.

1. Aorte, formant la crosse. — 2. Artère ou tronc brachio-céphalique. — 3. Carotide primitive droite naissant du tronc brachio-céphalique.— 4. Carotide primitive gauche naissant de la crosse de l'aorte. — 5. Carotide externe, fournissant : *a* la faciale, *b* la temporale, *c* l'occipitale. — 6. Carotide interne. — 7. Sous-clavière gauche naissant de l'aorte. — 8. Vertébrale, naissant de la sous-clavière. — 9. Axillaire. — 10. Humérale ou brachiale. — 11. Radiale. — 12. Cubitale. — 13. Inter-osseuse. — 14. Arcade palmaire. — 15, 15. Intercostales, naissant de l'aorte descendante ou pectorale. — 16. Tronc cœliaque, duquel naissent : — 17. l'Hépatique ; — 18. la Coronaire stomachique ; — 19. la Splénique.—20. Rénale. — 21. Mésentérique supérieure. — 21 *bis*. Mésentérique inférieure. — 22. Lombaire. — 23. Uretère (conduit de l'urine). — 24. Artère iliaque primitive. — 25. Iliaque externe. — 26. Iliaque interne. — 27. Circonflexe. — 28. Épigastrique. — 29. Crurale sortant de l'anneau de même nom. — 30. Musculaire profonde. — 31. Point où la crurale traverse l'anneau du grand adducteur. — 32. Poplitée. — 33. Tibiale postérieure. — 34. Tibiale antérieure. — 35. Pédieuse.

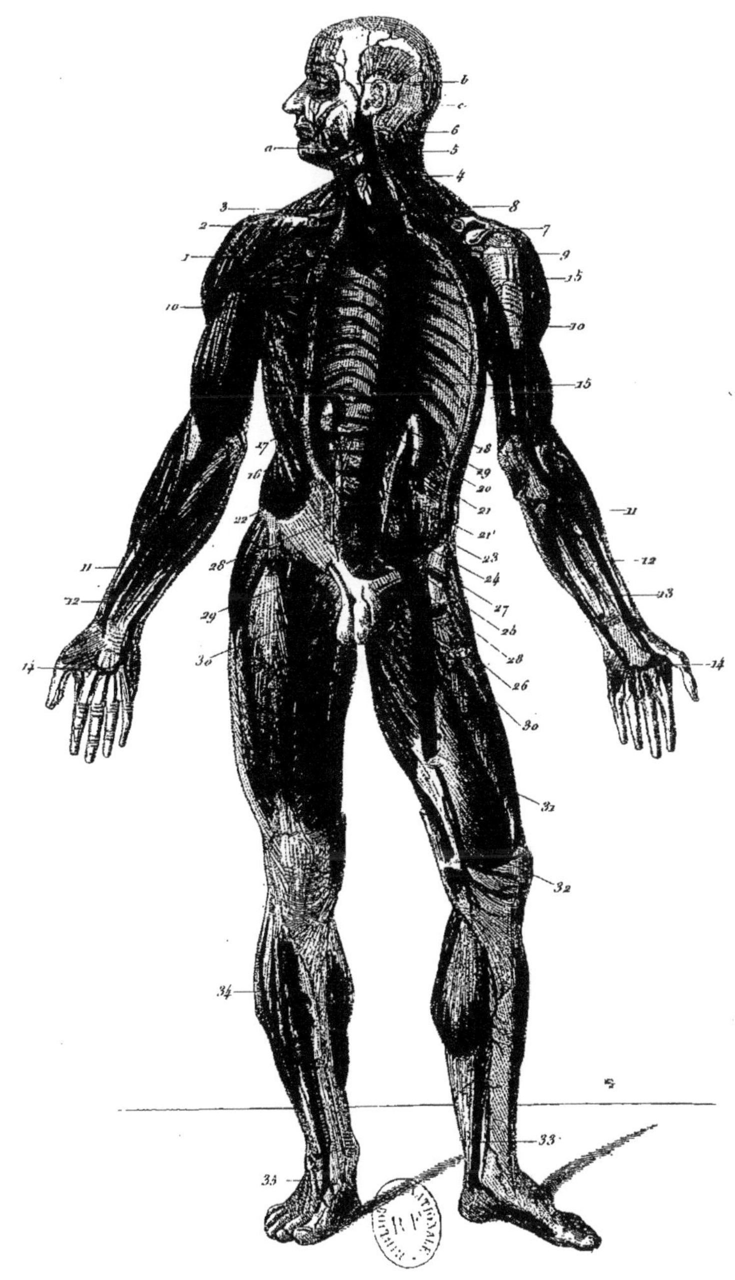

Léveillé del.
C. Carey et Gabriel sc.

PLANCHE XVII.

Système veineux.

Même remarque que pour les artères : il n'y a d'indiquées que les veines très-apparentes.

v c s. Veine cave supérieure. — *v c i*. Veine cave inférieure. — *v a*. Veine azygos, reliant les deux veines caves qui vont aboutir à l'oreillette droite du cœur. — *p a*. Petite veine azygos, se jetant dans la grande azygos.

La veine cave supérieure résulte des veines suivantes (nos 1 à 20) — 1. Temporales. — 2. Occipitales. — 3. Jugulaire externe. — 4. Jugulaire interne. — 5. Jugulaire antérieure. — 6. Thyroïdienne. — 7. Radiales. — 8. Cubitales. — 9. Médiane commune. — 10. Médiane céphalique. — 11. Médiane basilique. — 12. Céphalique. — 13. Basilique. — 14. Céphalique pénétrant dans la sous-clavière. — 15, 16, 17, 18. Veines profondes du bras, accompagnant les artères qui leur donnent leurs noms. — 19. Veine axillaire. — 20. Sous-clavière.

La veine cave inférieure résume toutes celles des parties inférieures : — 21. Pédieuse. — 22. Commencement de la saphène interne. — 23 et 24. Saphène interne. — 25. Veines superficielles de la cuisse se jetant, avec la saphène, dans la crurale. — 26, 27, 28, 29. Veines satellites des artères de la jambe et de la cuisse. — 30. Veine crurale. — 31. Iliaque interne. — 32. Iliaque primitive. — 33. Rénale.

La Grande veine azygos reçoit les Intercostales du côté droit ; la Petite azygos reçoit les Intercostales gauches.

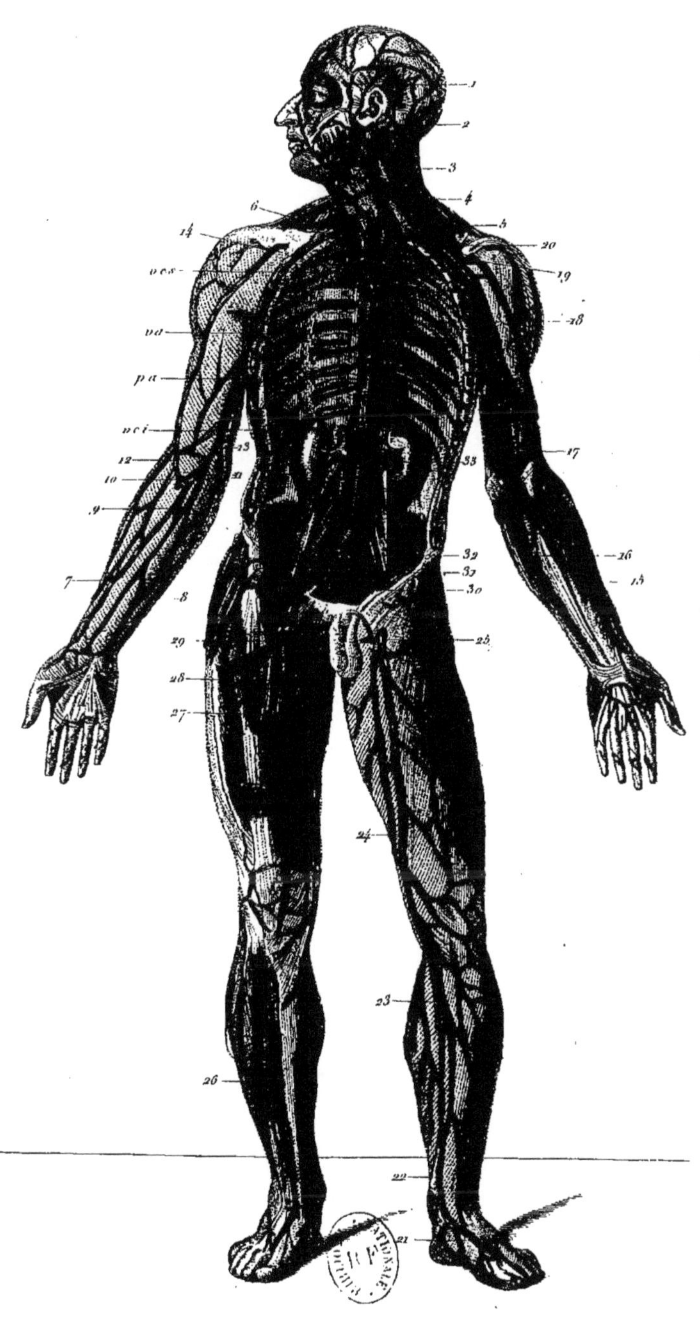

éveillé del.

C. Carey et Gabriel sc.

Système lymphatique

VAISSEAUX ET GANGLIONS LYMPHATIQUES DANS LEUR ENSEMBLE.

Il n'y a de représenté sur cette figure que ce qu'il faut pour donner une idée de la disposition générale du système. On doit se figurer une immense quantité de très-petites lignes blanches, flexueuses, qui s'anastomosent mille et mille fois en couvrant les organes.

c t. Canal thoracique. — *p c.* Petit canal thoracique ou Grande veine lymphatique : ces deux troncs sont le résumé de tous les vaisseaux lymphatiques, dont ceux du bras droit, de la moitié droite du cou et de la tête, et ceux du côté droit de la poitrine forment le Petit canal thoracique ; les autres forment le Canal thoracique proprement dit.

1. Vaisseaux et ganglions de la tête et du cou. — 2. Ganglions du cou. — 3. Lymphatiques superficiels de l'avant-bras. — 4. Lymphatiques superficiels du bras. — 5, 6. Lymphatiques profonds du membre supérieur. — 7. Ganglions axillaires. — 8, 9, 10. Lymphatiques superficiels du membre inférieur. — 11. Ganglions superficiels de l'aine. — 12, 13. Lymphatiques profonds du membre inférieur. — 14. Ganglions profonds de l'aine. — 15. Ganglions du tronc, auxquels aboutissent les lymphatiques des viscères du bas-ventre, etc.

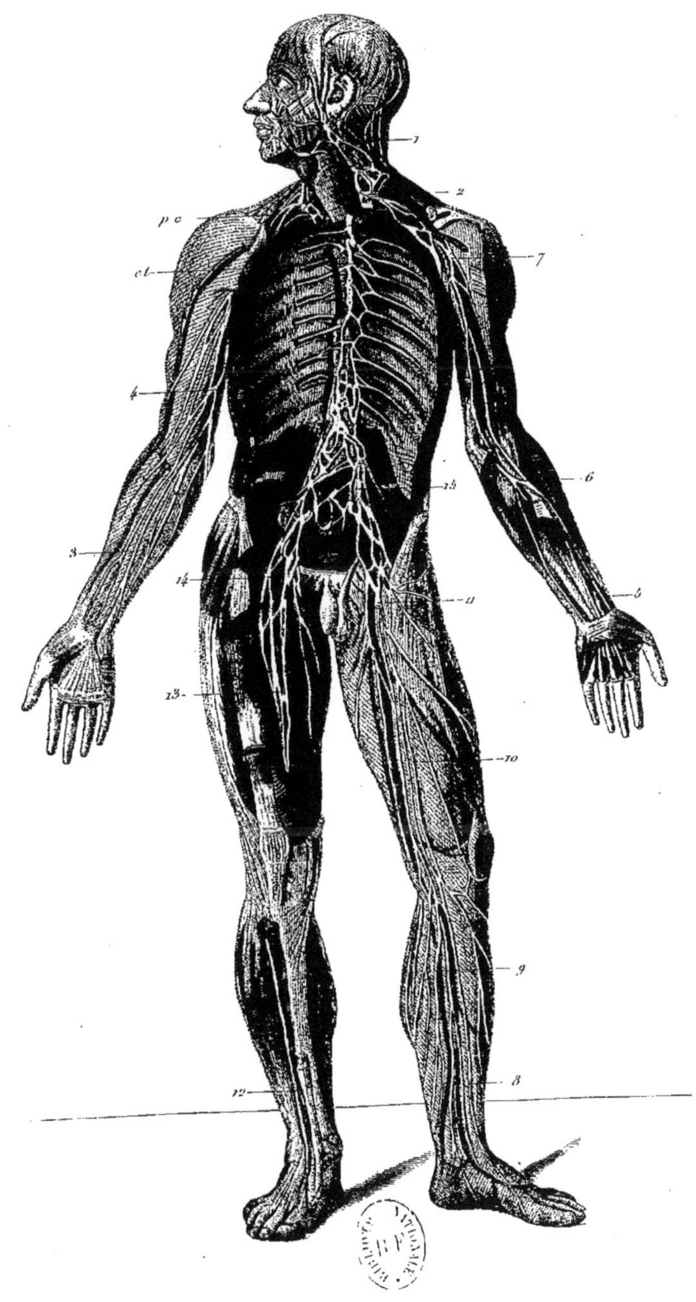

Léveillé del.

C. Carey et Gabriel sc.

PLANCHE XIX.

Appareil génital et urinaire.

Fig. 1. — APPAREIL GÉNITO-URINAIRE DE L'HOMME.

Cette figure représente la moitié droite du bassin. La vessie et le rectum sont intacts, mais un côté du scrotum est enlevé, ainsi que le corps caverneux gauche jusqu'au gland. Le rein manque pour compléter l'appareil urinaire.

1. Uretère. — 2. Vessie. — 3. Cordon ligamenteux dû à l'ouraque oblitéré après la naissance. — 4. Testicule enveloppé de ses membranes propres. — 5. Cordon spermatique. — 6. Artère et veine spermatiques. — 7. Canal déférent. — 8. Vésicule séminale gauche. — 9. Prostate. — 10. Canal de l'urètre, dont la paroi externe est enlevée. — 11. Verge ou Pénis. — 12. Cloison qui sépare les deux Corps caverneux.

A. Intestin grêle. — B. Rectum. — C. Vaisseaux iliaques primitifs.

Fig. 2. — APPAREIL GÉNITO-URINAIRE DE LA FEMME.

Moitié droite du bassin : la vessie, le vagin et le rectum sont divisés de haut en bas ; la moitié du côté droit reste : on voit sa face interne.

1. Vessie. — 2. Canal de l'urètre. — 3. Clitoris. — 4. Grande lèvre. — 5. Entrée du vagin. — 6. Cloison recto-vaginale. — 7. Cloison vésico-vaginale. — 8. Col de la matrice. — 9. Matrice. — 10. Trompes de Fallope. — 11. Ovaire du côté droit.

Fig. 1

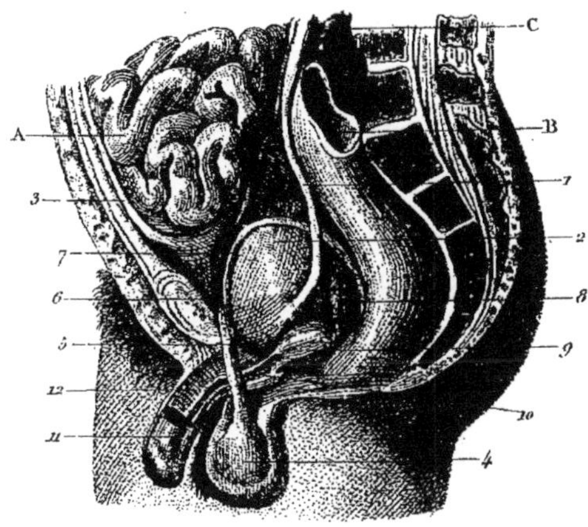

Fig. 2.

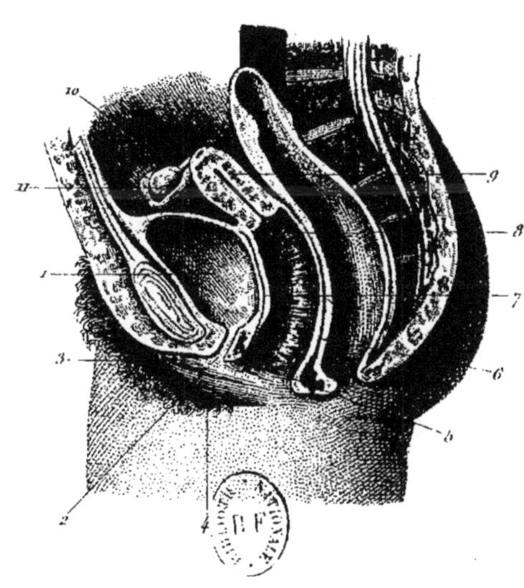

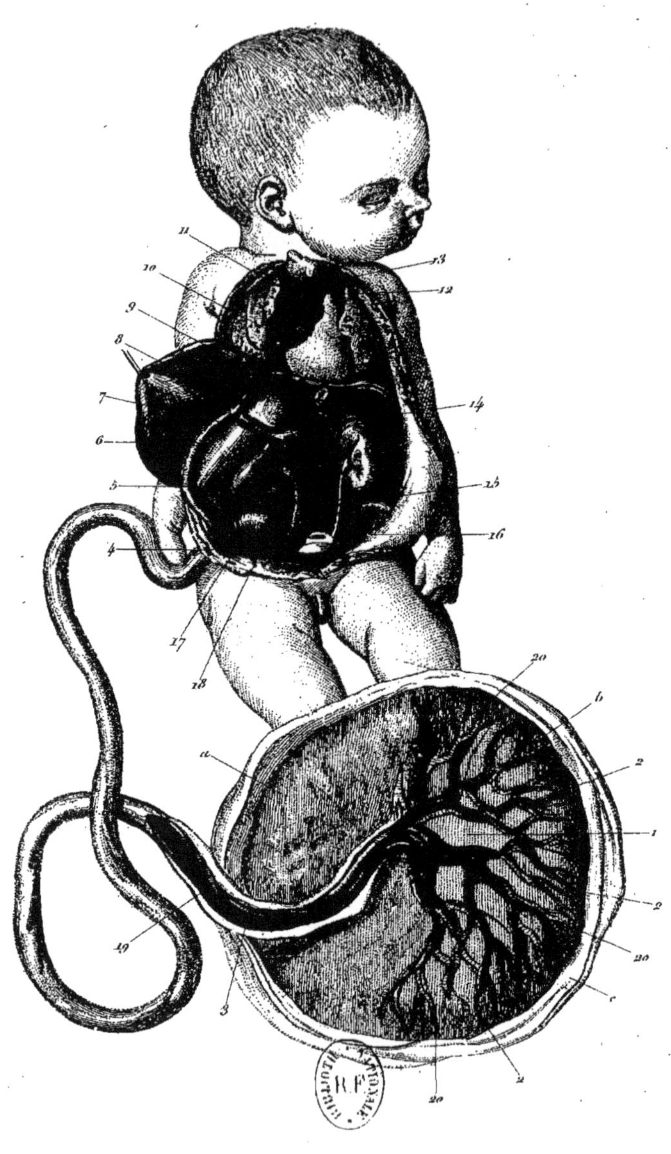

Léveillé del.

C. Carey et Gabriel sc.

PLANCHE XX.

Anatomie du fœtus.

ORGANES DE LA CIRCULATION FŒTALE.

Nouveau-né avec son placenta. Les parois de la poitrine et du ventre sont enlevées ; le foie est relevé au moyen d'une érigne. On voit le cœur et les poumons, l'aorte, les vaisseaux du cordon, les veines caves et la veine porte.

1. Placenta (face fœtale) : *a*, partie recouverte par le chorion ; *b*, partie privée du chorion pour faire voir les vaisseaux ; *c*, débris des membranes de l'œuf. — 2, 2, 2. Racines de la veine ombilicale. — 3. Veine ombilicale. — 4. Ouverture ombilicale laissant passer les vaisseaux du cordon. — 5. Veine ombilicale se rendant au foie. — 6. Branche de l'ombilicale pénétrant dans cette glande. — 7. Veine porte, s'anastomosant avec la Veine ombilicale. — 8. Canal veineux. — 9. Point où le canal veineux se jette dans la Veine cave inférieure. (La Veine hépatique ne se voit point sur cette figure.) — 10. Oreillette droite du cœur. — 11. Artère pulmonaire : on voit le commencement des deux branches qu'elle envoie aux poumons et qui sont petites chez les fœtus. — 12. Canal artériel. — 13. Point où le canal artériel se jette dans l'Aorte. — 14. Aorte abdominale. — 15. Division de l'aorte en Iliaques primitives. — 16. Division de l'iliaque primitive en Iliaque interne et Iliaque externe, très-peu développées dans le fœtus. — 17 et 18. Artères ombilicales, naissant de l'iliaque. — 19. Artères ombilicales, formant le Cordon avec la veine de même nom. — 20, 20, 20. Ramifications des artères ombilicales dans le placenta.